FACULTÉ DE DROIT DE TOULOUSE.

THÈSE

POUR

LA LICENCE

EN EXÉCUTION DE L'ART. 4, TITRE II, DE LA LOI DU 22 VENTÔSE AN XII,

SOUTENUE PAR

M. CARTIER (Ernest),

Né à Toulouse (Haute-Garonne).

Droit Romain. — De solutionibus et liberationibus, D. lib. 46, tit. 3. — Inst. Just., lib. 3, tit 29, in proemio.

Code Napoléon. — De la capacité pour recevoir ou pour donner à titre gratuit, 901 à 912, combinés avec les articles 502 et suivants, 25 et autres.... 1125 C. Civil.

Code de Procédure. — Procédure devant les tribunaux de commerce, excepté l'art. 420.

Droit Criminel. — Théories générales en matière de récidive.

TOULOUSE,

TYPOGRAPHIE DE BONNAL ET GIBRAC,

RUE SAINT-ROME, 46.

—

1854.

THÈSE

POUR

LA LICENCE

EN EXÉCUTION DE L'ART. 4, TITRE II, DE LA LOI DU 22 VENTÔSE AN XII,

SOUTENUE PAR

M. CARTIER (Ernest),

Né à Toulouse (Haute-Garonne).

Droit Romain. — De solutionibus et liberationibus, D. lib. 46, tit. 3. — Inst. Just., lib. 3, tit 29, in proemio.

Code Napoléon. — De la capacité pour recevoir ou pour donner à titre gratuit, 904 à 912, combinés avec les articles 502 et suivants; 25 et autres.... 1125 C. Civil.

Code de Procédure. — Procédure devant les tribunaux de commerce, excepté l'art. 420.

Droit Criminel. — Théories générales en matière de récidive.

TOULOUSE,

TYPOGRAPHIE DE BONNAL ET GIBRAC,

RUE SAINT-ROME, 46.

—

1854.

Meis et Amicis.

JUS ROMANUM.

DE SOLUTIONIBUS ET LIBERATIONIBUS

Dig. lib. XLVI, tit. III. — Inst. Just., lib. III, tit. XXIX, in proemio.

PRIMUM CAPUT.

SECTIO PRIMA.

Quid significatur his verbis: DE SOLUTIONIBUS ET LIBERATIONIBUS?

I. Primo, dicam quid significetur his verbis : *De solutionibus et libe-rationibus.*

Eadem imaginaria fictio, quæ duo verba contractum et obligationem formavit, solutionem et liberationem fixit (1).

II. Solutionis verbum pertinet ad omnem liberationem quoquo modo factam (2).

Hæc est significatio lato sensu.

III. In restricto autem, « solvere dicimus eum qui fecit quod facere promisit (3). » Sic loquitur Ulpianus. Romani etiam dicebant in communi linguâ. » Solutio nummorum vel pecuniâ solvere (4).

Item intelligendum est de verbo *liberatione.*

(1) Inst. Just., L. 3, tit. 13, pr.

(2) Dig., L. 46, tit. 3, de solut.; 54, fr. Paul.

(3) Dig. L. 50, tit. 16, de verbor. signif. 176, fr. Ulp. Dig., L. 46, tit. 3, de sol.

(4) Dig. L. 46, tit. 3, de solut. 46; fr. 47 et 48; fr. Marcian., 54 ; fr. Paul.

SECTIO SECUNDA.

De duobus ordinibus extinctionum.

I. Variis modis tollitur obligatio, sed duo sunt ordines, aut oriuntur jure civili, aut praetorum edictis.

In principio, quùm obligatio sit juris vinculum secundùm civitatis jura, jure tantum civili solvi poterat; hæc materia ad titulum XXIX Institutionum Justiniani refertur (1).

II. Posteà, lenius prætorum aut honorarium jus (nam ità appellantur), attulit exceptiones quæ brevi obtinuerunt auctoritatem (2).

III. Exceptionum institutio de naturali vel æquo jure, ut ita dicam, pendet.

Comparatæ sunt enim exceptiones defendendorum eorum gratiâ cum quibus agitur : sœpè enim accidit ut quis jure civili teneatur, sed iniquum sit cum judicio condemnari (3).

IV. Quod autem clarius fit exemplo : In Gaio compulsatur : « Si stipulatus sim à te tanquàm credendi causâ numeraturus, nec numeraverim; nam eam pecuniam a te peti posse certum est, dare enim te oporteret eum, ex stipulatu tenearis, sed quia iniquum est te eo nomine condemnari, placet enim per exceptionem doli mali te defendi posse» (4).

SECTIO TERTIA.

Unum verbum de variis modis qui pendent de jure civili.

I. Hi modi continentur in XXIX titulo Institutionum. Quidam ad omnes liberationes, quidam ad minorem numerum referuntur.

(1) Inst, L. 3, tit. 13, pr.
(2) Inst. Just. L. 1, tit. 5, § 7.
(3) Gaii comm. 4, de except. fr. 116.
(4) Gaius comm. 4, de except. fr. 116 et 117.

I.

II. Primo, tollitur omnis obligatio solutione ejus quod debetur, hæc est etiam extinctio pecuniâ nummorum (1).

III. Est prodita stipulatio quæ Aquiliana appellatur, per quam stipulationem contingit, ut omnium rerum obligatio in stipulatum deducatur et ea per acceptilationem tollatur.

Stipulatio enim Aquiliana novat omnes obligationes (2).

IV. Qui duo modi afferuntur ad obligationes re, verbis, litteris, consensu.

V. Prætereà, omnes res in novationem transire possunt (3).

Novatio enim est prioris debiti in aliam obligationem transfusio atque translatio : hoc fit, cùm ex præcedenti causâ ità nova constituatur, ut prior perimatur (4).

II.

VI. Secundò, tollitur omnis ordo per acceptilationem ; tùm obligationes veniunt ex verbis.

Est autem acceptilatio imaginaria solutio.

Quod enim ex verborum obligatione Titio debetur, id si velit Titius remittere , poterit, sic fieri ut patiatur hæc verba debitorem dicere : « Quod ego tibi promisi, habes ne acceptum? Et Titius respondeat : habeo » (5).

III.

VII. Tertiò, tollitur deniquè, secundum jura civitatis consensu , si consensu verè contracta fuerit.

(1) Inst. Just. L. 3, tit. 29, pr.
(2) Inst. Just. L. 3, tit. 29, § 2.
(3) Dig. L. 46, T. 2 ; tit. 1, § 1, fr. Ulp.
(4) Dig. L. 46, T. 2, fr.; tit. 1, pr. fr. Ulp.
(5) Inst. Just. L. 3, tit. 29, § 1.

VIII. Contraria voluntas inter partes sufficit. Et in omnibus contractibus qui ex consensu descendunt, eadem servatura est regula (1).

Priusquàm tamen aliquid ex alterutrâ parte solvatur.

Nam si Titius et Seius inter se consenserint, ut fundum Tusculanum emptum Seius haberet centum aureum, deindè re nondum secutâ, id est, neque pretio soluto neque fundo tradito, placuerit inter eos ut discederetur ab ea emptione et venditione, invicem liberantur (2).

SECUNDUM CAPUT.

SECTIO PRIMA.

Quodam modo regularis solutio nummorum producitur.

I. Tollitur autem omnis obligatio solutione ejus quod debetur, dixi suprà, sed quædam sunt servanda (3).

§ 1. — *Res integra.*

I. Debitor enim rem promissam daturus est, si contrariam offerret, creditor repelleret oblationem.

II. Quoties autem creditor repellit quod debetur, debitor validè solvitur consignatione in sacratissimis ædibus (4).

III. Stat etiam edictum ita conceptum : « Si debitor offerret pecuniam quæ peteretur, et creditor nollet accipere, prætor ei denegat actiones (5). »

§ II. — *Non aliud pro alio.*

I. Debitorem non esse cogendum in aliam formam nummos accipere, si ex ea re damnum aliquid passurus sit (6).

---

(1) Inst. Just. L. 3, tit. 29, § 4.
(2) Inst. Just. L. 3, tit. 29, § 4.
(3) Inst. Just., L. 3, t. 29 pr.
(4) Cod. 4. 32, de usuris. 19, Const. Philipp. — 8, 43, de solut.
(5) Dig. L. 46, t. 3; Ulp. L. 54, ad edictum de oblatione.
(6) Dig. L. 46, t. 3; Paul. 99, de solut.

II. Certum est enim, aliud pro alio invito creditore, solvi non posse (1).

III. Ex Proculeiorum sensu, datione in soluto non solvebatur vinculum civile. Contrà autem sunt Sabini (2).

IV. Sed quotiens quis debitor ex pluribus causis unum debitum solvit, est in arbitrio solventis dicere quod potius debitum voluerit solutum, et quod dixerit id erit solutum (3).

§ III. — *Traditio valida.*

I. Vel brevi, vel longâ manu traditio fit valida. Sed cui facienda sit videndum est.

II. Constat primùm *creditor* sibi validè accipere, aliquando tamen per se accipit, quod fit, si creditor fundum pigneratitium vendiderit et quantum ei debebatur, receperit, debitor liberabitur (4). Si creditor fuerit capax.

III. Si *quosdam* designaverit creditor, solutione ejus quod debetur valide liberatur debitor, nisi incapaces sint, atqui bona fides si incapaces liberat.

Etenim, is qui jussus est à creditore pecuniam Titio solvere, quamvis creditor mortuus fuerit, nihilominùs rectè Titio solvit : si modo ignoraverit creditorem mortuum esse (5).

IV. Rectè *vero procuratori* solvitur. Verum autem accipere debemus eum, cùm mandatum est, vel specialiter, vel cui omnium negotiorum administratio mandata est.

V. Interdum tamen, non procuratori rectè solvitur, ut puta cujus stipulationi nomen incertum est, si quis stipuletur sibi aut Titio.

VI. Sed etsi non vero procuratori solvam, ratum autem habeat do-

----

(1) Dig. L. 2, de rebus cred., 2, § 1, frag. Paul.

(2) Gaii. Comm, 3, § 168.

(3) Dig. L. 46, t. 3, de solut. et lib. ; Ulp., liv. 43, ad Sabinum.

(4) Dig. 46, tit. 3, L. 26, ad Sabinum.

(5) Dig. 46, L. 30, Julian.

minus, quod solutum est, liberatio contingit : rati enim habitio mandato comparatur (1).

VII. Sed si quis mandaverit, ut Titio solvam, deinde vetuerit eum accipere, si ignorans prohibitum eum accipere, solvam, liberabor; sed si sciero, non liberabor.

VIII. Recte aut *tutori* aut *curatori* pupilli solvi potest. Pupillus a tutore validè tuetur, sive autem legitimus sit, sive testamentarius, sive ex inquisitione datus, recte solvitur qui solvat tutor (2).

Curatori quoque furiosi rectè solvitur, item curatori alicujus sibi non sufficientis vel per ætatem, vel per aliam causam rectè solvi constat.

IX. Debitores solvendo ei, qui pro tutore negotia gerit liberantur, si pecunia in rem pupilli pervenit.

Pupillum sine tutoris auctoritate nec solvere posse palàm est, sed si dederit ei nummos, non fient accipientis, vindicarique poterunt si fuerint consumpti, liberabitur (3).

X. Ità recapitulando, rectè solvi potest : 1° aut creditori ipsi ; 2° aut eis quos designaverit creditor ; 3° aut mandatorio vel procuratori creditoris ; 4° aut tutori, vel curatori pupilli.

SECTIO SECUNDA.

Quodam modo irregularis solutio producitur.

I. Qui modi extinctionum in consensu creditoris reponuntur.

II. Creditor quod debetur petit, sed si voluerit *aliud pro alio* validè acceperit. Nam stat regulâ, creditorem aliud pro alio ad accipiendum cogi non posse (4).

III. Mutuum damus recepturi non eamdem speciem quam dedimus, sed idem genus. — Mutui datio consistit in his rebus, quæ pondere,

---

(1) Dig., L. 46, tit. 3 ; Ulp., L. 30, ad Sabin. de procur.
(2) Dig., L. 46 ; Ulp., de tut., 84.
(3) Dig., L. 46, tit. 3 ; Ulpian., de tut. et curat., § 5, 7 et 8.
(4) Paul, fr. 99, de sol.

numero, mensurâ consistunt : quoniam eorum datione functionem recipiunt per solutionem quam specie; nam in cæteris rebus ideò in creditum ire non possumus, quia aliud pro alio invito creditore, solvi non potest (1).

Sabinorum et Proculeiorum opinionem vidimus in hoc casu.

IV. Consensu creditoris *pars obligationis* rectè solvitur. Eadem fiunt in acceptilatione, sicut autem quod debetur, pro parte rectè solvitur, ita in partem debiti acceptilatio fieri potest *(2)*.

V. Sed detrimenta sœpe fiunt creditori.

Attamen creditor ad solutionem alicujus obligationis si plures sint cogi potest. Idem evenit post mortem creditoris, nam quisque institutorum ad hæredem pro parte tenetur *(3)*.

VI. Sic putat Julianus : « quidam existimaverunt, neque eum, qui decem persequi : neque eum qui fundum suum diceret, partem dumtaxat judicio persequi : sed in utrâque causâ humaniùs facturus videtur prætor, si actorem compulerit ad accipiendum id quod offeratur, cùm ad officium ejus pertineat lites diminuere (4). »

VII. Irregularis quoque videtur solutio quum de *pignore* agitur; ecce exemplum :

Pretium perceptum ex venditione pignoris, verè vel fictè, liberat d e bitorem : nisi venditio retractabilis sit (5).

SECTIO TERTIA.

A quibus validè solvitur et a quibus non validè.

I.

I. *Debitor* validè solvere si *capax* constat, nam qui obligari, solvere potest.

(1) Dig., L. 12, tit. 1 ; Paul, de reb. cred. 2, § 1.
(2) Inst. Just., L. 3, tit. 29, § 1, in fine.
(3) Gordian., C. c., familiæ erciscundæ, C. 1, de hered.
(4) Dig., L 12, tit. 1 ; Julian. 20, de partis solutione.
(5) Paulus, de pignoris venditione.

II. Aut *non debitor,* nam si pro me quis solverit creditori meo, adquiritur mihi actio pigneratitia (1).

III. Si quis *offerenti se negotiis* alienis bona fide solverit, quando liberetur? Et ait Julianus : cùm dominus ratum habuerit, tunc liberari (2).

IV. Cùm *jussu meo* id, quod mihi debes, solvis creditori meo, et tu à me et ego à creditore meo liberor (3).

V. Validè *fidejussor* solvit, si solvit nomine debitoris. Et si fidejussor alienos nummos in causam fidejussoris dedit, consumptis his mandati agere potest (4).

II.

VI. Qui solvit *quasi ipse debeat* non solvit debitor, atque contrà creditor tenetur causâ restituendi, nam de conditione indebiti agitur.

Etquidem, si quis *debitum ignorans solvit,* per hanc actionem conducere potest, sed si sciens se non debere solvit, cessat repetitio (5).

SECTIO QUARTA.

De quibus modis qui non infirmant solutiones.

I. Solutio facta *sit alio,* ignorante debitore, adquiritur mihi actio pigneratitia.

Item si quis solverit legata, debent discedere legatarii de possessione (6).

II. Equidem solutione ejus quod debetur, *invito creditore,* liberatur debitor.

Sed si de opifice ageretur non validè ab alio substitui posset.

(1) Dig., liv. 46, t. 3, 94 ; Papinianus, lib. 8, quœst.
(2) Dig., liv. 46, t. 3, 40 ; Marcianus, liv. 3 institutionum.
(3) Dig., liv. 46, t. 3, 64 ; Paulus, lib. 14, ad Plant.
(4) Dig., liv 46, t. 3, de sol. et lib. 94 ; Papinianus, lib. 8, quæst.
(5) Dig., liv. 12, t. 6 ; Ulpianus, lib. 26, § 1, de cond. indeb.
(6) Dig., liv. 46, t. 3 ; Mercianus, liv. 3 inst.

III. *Ignorante* et *invito debitoris* cuique licet : cùm fit jure civili constitutum, licet etiam ignorantis invitique meliorem facere (1).

In hoc casu fit : solutione, vel judicium pro nobis accipiendo et inviti et ignorantes liberari possumus (2).

IV. Pupillus non esse *capax*, per se stat, sed si rem acceperit, veneritque in fructum, tutori vel curatori repetere non licet.

SECTIO QUINTA.

Quid producitur solutione nummorum.

I. Solutione de eo quod debetur extinguitur juris *vinculum*, id est obligatio.

II. Indè sequitur liberari debitorem et *omnes qui pro* eo intervenerunt (3), sponsores, fidepromissores.

III. Idem, ex contrario contingit si fidejussor solverit : *non* enim *solus ipse* liberatur, sed etiam *reus*.

Quotiens unus *ex fidejussoribus suam* partem solvisset, liberatur, sed is fidejussor solus liberatur, cujus nomine solutio facta fuerit (4).

IV. Fidejussor *non ipse* tantum obligatur, sed etiam *heredem obligatum* relinquit et solutione liberat heredem.

V. At nunc soluta mea materia est, attamen exponam locum Pomponii, qui brevissimè repetit solutiones :

« Prout quidque contractum est ; ita et solvi debet. Ut cùm re contraxerimus, re solvi debet ; veluti cùm mutuum dedimus, ut retrò pecuniæ tantundem solvi debeat, et cùm verbis aliquid contraximus, vel re, vel verbis obligatio solvi debeat, verbis veluti cùm acceptum promissori fit : re, veluti cùm solvit quod promisit. Atquè cùm emptio, vel venditio, vel locatio contracta est : quoniam consensu modo contrahi potest, etiam dissensu contrario dissolvi potest (5). »

(1) Dig. liv. 23 ; Pomponius, lib. 24, ad Sab.
(2) Dig., liv. 46, t. 3 ; Gaius, liv. 5, ad. edict. de solut.
(3) Ulpianus, fr. 43, de solut. — Inst. Just., liv. 3, t. 29, in pr.
(4) Dig. liv. 46, t. 3, de sol. et liber. ; Julianus, liv. 2.
(5) Dig. liv. 46, t. 3, de sol. et liber.; fr. Pomponius, 80.

CODE NAPOLÉON

De la capacité pour donner ou pour recevoir à titre gratuit.

(Art. 901 à 912. Ch. II, combinés avec les art. 502 et suivants, 25 et autres.... 1125 Code civil).

I. La capacité de donner ou de recevoir à titre gratuit tient au droit de propriété. Elle s'exerce de deux manières : par les donations entre vifs et les testaments.

L'art. 902 pose, à cet égard, un principe : « Toutes personnes, dit-il, peuvent disposer et recevoir, soit par donation entre vifs, soit par testament, excepté celles que la loi en déclare incapables. » La loi établit donc un principe général qu'elle ne fait que limiter par ses incapacités.

II. Les incapacités sont dites absolues ou relatives. Absolues, lorsqu'on ne peut donner à qui que ce soit, ni recevoir de qui que ce soit, et relatives, lorsqu'on ne peut donner à certaines personnes, ni recevoir de certaines personnes.

III. Quelquefois aussi la capacité est incomplète, et les actes qui en proviennent, quoique viciés, peuvent devenir valables, s'ils ne sont révoqués dans les délais. C'est ce qui donne lieu à classer les dispositions gratuites en nulles et annulables.

La capacité et l'incapacité sont encore appelées actives et passives.

Ce chapitre des incapacités se divise naturellement en deux sections : 1° incapacité de disposer ; 2° incapacité de recevoir ; mais dans une troisième section, nous examinerons l'époque requise pour la capacité.

SECTION Ire.

DES INCAPACITÉS DE DISPOSER.

§ Ier. — *Du défaut de raison.*

I. Une première cause d'incapacité et d'incapacité absolue, c'est le défaut de raison. « Pour faire une donation entre vifs ou un testament, dit l'art. 902, il faut être sain d'esprit. » En effet, celui qui se dépouille doit avoir le *justa sententia,* c'est-à-dire la volonté, condition essentielle pour la validité du contrat.

II. Le défaut de raison peut se présenter sous plusieurs manières : imbécillité, démence, fureur. La jurisprudence considère comme attaquables, en tout temps, tous actes faits en pareil état.

III. Cependant l'art. 504 apporte une restriction à l'art. 902, ainsi conçue : « Après la mort d'un individu, les actes par lui faits ne peuvent être attaqués pour cause de démence, qu'autant que son interdiction aurait été prononcée ou provoquée avant son décès, à moins que la preuve de la démence ne résulte de l'acte même qui est attaqué. »

La comparaison de ces deux articles présente une certaine contradiction. Elle résulte du seul doute qu'on a de savoir si cette seconde disposition s'applique aux donations et testaments, ou seulement aux dispositions à titre onéreux. Il suffit d'examiner la discussion, au conseil d'Etat, de l'art. 504, lors de sa confection, pour voir clairement qu'il ne s'applique pas aux actes à titre gratuit.

En conséquence, les donations et testaments ne seront jamais valablement faits par celui qui ne serait pas actuellement sain d'esprit ; que son interdiction ait été provoquée ou non, sa disposition n'en est pas moins attaquable pour cause de démence.

IV. Il en serait de même de toutes autres causes, telles que le délire de la fièvre, l'ivresse, l'égarement d'esprit que donne quelquefois le paroxysme de la colère ou d'une passion violente, comme le concubinage.

V. Le code n'admet pas l'action *ab irato* faite par esprit de colère, de haine ou de vengeance. C'est du moins ce que plusieurs docteurs induisent du silence de la loi. Cependant M. Merlin établit en principe que l'homme, dominé par la haine, n'est pas sain d'esprit. Les enfants injustement dépouillés peuvent donc réclamer.

VI. Quant à la suggestion et à la captation, le code ne les reconnaît pas non plus comme moyens de nullité. Cependant celui qui, pour faire valoir ses droits ou pour gagner la confiance du donateur, aurait employé des moyens frauduleux, donnerait lieu à l'action de nullité pour cause d'erreur ou de dol (art. 1110-1116).

L'art. 503 apporte une nouvelle dérogation à l'art. 901. Il est ainsi conçu : « Les actes antérieurs à l'interdiction peuvent être annulés, si la cause de l'interdiction existait notoirement à l'époque où ces actes ont été faits. » Mais cet article ne s'applique pas non plus à notre matière, par la raison que les dispositions gratuites sont soumises au droit commun, et qu'un fou non interdit et jouissant, dans la circonstance, de ses facultés, pourrait faire un acte valable. La loi veut que l'on jouisse de son bon sens dans le moment même. Les juges doivent donc apprécier.

Ce n'est qu'à la condition toutefois qu'il ne fût point interdit ; car il n'y a point de moments lucides durant l'interdiction. Ces derniers mots s'induisent de l'art. 502, applicable aux donations gratuites, et dans lequel il est dit que tous ces actes passés après l'interdiction sont nuls de droit, s'ils n'ont été faits avec l'assistance du conseil. La différence qui existe entre ces deux articles consiste en ce que, dans le cas d'interdiction, la cause de nullité est de droit ; dans le cas contraire, c'est à celui qui demande à établir la preuve de démence.

§ 2. — *Du mineur.*

I. La loi frappe également d'incapacité absolue le mineur de moins de 16 ans. Cette incapacité est fondée sur une présomption de faiblesse. Cependant la loi devant fixer une limite a donné au mineur de 16 ans résolus la libre disposition, par testament seulement, de la moitié des biens dont la loi permet au majeur de disposer (art. 903-904). La restriction de ce dernier article tient à ce que le législateur n'a pas trouvé que son intelligence fût assez développée pour jouir de l'exercice d'une entière capacité.

II. En outre, les dispositions entre-vifs lui sont interdites , car les mineurs sont restitués lorsqu'ils souffrent quelque préjudice en contractant, et le dommage est évident lorsqu'ils donnent.

III. L'incapacité absolue du mineur donne lieu à l'application du principe romain : *Quod ab initio vitiosum est lapsu temporis non valet.* Ainsi, tout testament dépassant la quotité disponible, fait par un mineur de 16 ans résolus, quoique mort après sa majorité, serait réductible.

IV. La loi fait une exception en faveur du contrat de mariage, dans lequel le mineur a une capacité relative. Aussi peut-il, avec l'assistance de ses parents qui deviennent parties dans le contrat et complètent sa personne, disposer irrévocablement de ses biens.

§ 3. — *De la femme mariée.*

I. L'incapacité de la femme pour les donations repose sur des rapports de convenance entre elle et son mari. Le mari étant en quelque sorte le tuteur légitime de sa femme, inspire de la confiance, et on conçoit qu'elle ne puisse ni contracter, ni donner à quelque titre que ce soit sans son autorisation (215-217-905). Seulement comme l'aliénation des meubles est un acte d'administration, la loi en donne la libre disposition à la femme séparée de corps ou de biens (1449-1536 C.).

II. Cependant, en cas de refus du mari, la loi accorde à la femme un recours en justice (218-219). Ce recours est de rigueur, en cas d'incapacité du mari(221-222). Cette inaptitude de la femme livrée à elle-même repose encore sur le respect dû à l'autorité maritale.

III. La seule exception apportée à ces prohibitions est celle-ci : la femme mariée n'aura besoin ni du consentement du mari, ni de l'autorisation de la justice pour disposer par testament. On conçoit, en effet, que le testament étant l'expression de la volonté du défunt doit être libre. Au surplus, il n'a d'effet qu'à la mort du testateur, et l'autorité maritale est alors détruite.

IV. Il est à remarquer que cette incapacité de la femme n'est pas absolue, mais seulement relative ; ce caractère s'induit des deux articles 225 et 1125, C.

Le défaut d'autorisation ne peut être opposé que par la femme, le mari ou leurs héritiers, et les personnes capables de s'engager ne peuvent opposer l'incapacité du mineur, de l'interdit ou de la femme marée. On sait de plus que la ratification postérieure du mari est valable ; il faut donc que l'acte ne soit pas nul dans son essence,

§ 4. — *Du mort civilement.*

La loi considérait comme indigne de disposer le mort civilement (art. 25); mais le décret du 31 mai 1854 abolit la mort civile.

L'article 2 du même décret conserve la même incapacité de donner ou de recevoir pour les peines perpétuelles. Le condamné ne reçoit qu'à titre d'aliments.

§ 5. — *Du failli.*

Le failli est également incapable de posséder. En effet, pour disposer il faut avoir la qualité de propriétaire, et le failli l'a perdue.

SECTION II.

DES INCAPACITÉS DE RECEVOIR.

Les incapacités de recevoir comme celles de donner sont de deux sortes : absolues ou relatives.

Des incapacités absolues de recevoir.

§ 1. — *De l'enfant conçu.*

I. Au premier rang des personnes complétement incapablesde recevoir à titre gratuit, il faut placer celles qui n'existent pas encore. Cependant la loi établit une maxime en faveur des enfants à naître, par laquelle l'enfant est toujours réputé né du moment qu'il a été conçu, à la condition toutefois qu'il soit né viable (art. 906).

II. Il s'agit de savoir quel est le moment où il faut que l'enfant soit réputé né. Dans les donations entre-vifs où il se forme un vrai contrat, il est nécessaire que l'enfant pour lequel on accepte soit conçu lors de l'acceptation, et ce n'est que par une faveur toute spéciale dans l'intérêt des mariages que la loi permet les donations au profit des enfants à venir (1082). Dans les testaments, il suffit d'être conçu au moment du décès du testateur, car c'est vraiment alors que le testament cesse d'être un projet, puisqu'il est de sa nature essentiellement révocable.

§ 2. — *Incapacité des établissements publics.*

Les communes, les hospices, les établissements d'utilité publique ne peuvent rien recevoir sans l'autorisation du préfet (1). Cette mesure a pour but de ne point priver les familles de leur patrimoine (910).

§ 3. — *Incapacité de la femme mariée et du mineur.*

I. Il en est de même de la femme mariée qui ne peut rien recevoir sans l'autorisation de son mari ou à défaut de la justice. Ce n'est point là un acte de tutelle, mais c'est un acte de la puissance maritale (905).

II. Le mineur ne peut non plus accepter sans l'autorisation de son tuteur ou de ses ascendants.

Incapacités relatives de recevoir.

§ 4. — *Incapacité du tuteur et cotuteur.*

I. Le minéur, quoique parvenu à l'âge de 16 ans, ne pourra, même par testament, disposer au profit de son tuteur. Cette disposition de la loi repose sur la facilité qu'aurait le tuteur d'abuser de sa position et de rendre ainsi inutile l'obligation de rendre ses comptes.

II. La loi va plus loin et ajoute : «Le mineur devenu majeur ne pourra disposer, soit par donations entre-vifs, soit par testament, au profit de celui qui aura été son tuteur, si le compte définitif de la tutelle n'a été préalablement rendu et apuré.» Mais il faut remarquer que le tuteur, jouissant de la prescription de 10 ans, serait considéré, après ce délai, comme ayant rendu ses comptes, et pourrait par cela même jouir des dispositions de son ex-pupille.

III. Ces prohibitions ne s'appliquent pas aux tuteurs *ad hoc*, ni aux subrogés-tuteurs ; ils n'ont point assez de relations avec le pupille. La même cause existe aussi pour le tuteur vis-à-vis de son pupille sourd et muet.

Les ascendants des mineurs sont exceptés des prohibitions sus-mentionnées (907).

§ 5. — *Incapacité des docteurs en médecine et des ministres du culte.*

I. La même défiance se présente encore pour les docteurs en méde-

(1) Loi du 20 juin 1853.

cine ou en chirurgie, les officiers de santé, les pharmaciens, de même que pour les empiriques dont la moralité est plus suspecte. La loi les prive donc des libéralités du disposant. Mais il faut pour cela deux conditions : qu'il y ait eu une série de soins prodigués, et que le malade soit mort de cette maladie, dans le courant de laquelle les dispositions avaient été faites.

II. Les mêmes dispositions sont observées à l'égard du ministre du culte qui a rempli des fonctions assidues près du malade.

III. Il est évident que la règle ne s'applique pas au médecin ou au ministre qui serait l'époux de la personne malade, car l'influence entre conjoints est de tous les moments. La libéralité existe entre conjoints : le mariage se serait-il accompli durant la maladie, à moins qu'on n'y vît de la fraude ?

IV. L'art. 909 apporte deux exceptions ainsi conçues : Sont exceptées ; 1° les dispositions rémunératoires faites à titre particulier, eu égard aux facultés du disposant et aux services rendus ; 2° les dispositions universelles dans le cas de parenté jusqu'au quatrième degré inclusivement, pourvu que le décédé n'ait pas d'héritier en ligne directe, à moins que celui au profit de qui la disposition a été faite ne soit lui-même du nombre de ces héritiers (909).

§ 6. — *Incapacité de l'enfant naturel.*

L'enfant naturel est frappé d'une incapacité relative. Il ne peut recevoir que dans certaines proportions. Cette distinction est établie en faveur du mariage. Quant aux adultérins, ils ne peuvent rien recevoir qu'à titre d'aliments.

§ 7. — *De quelques prohibitions.*

I. L'art. 911 défend les donations déguisées et les donations par interposition.

Sont réputées déguisées, celles qui affectent des formes permises pour cacher une incapacité reconnue. Ainsi, une vente, un emprunt simulés sont des actes nuls, s'ils sont prouvés.

II. Les donations par interposition sont celles qui sont faites à une personne capable pour être ensuite données par celle-ci à une personne incapable.

La loi considère comme interposés les père et mère, les enfants et descendants, et l'époux de la personne incapable. Ainsi, la mère de l'enfant naturel qui n'a qu'une capacité relative est réputée interposée.

III. L'art. 913, qui avait trait à la capacité des étrangers, est abrogé.

SECTION III.

ÉPOQUE A CONSIDÉRER POUR LA CAPACITÉ DE DONNER ET DE RECEVOIR.

Il est de règle que le disposant doit être capable au moment où il se dépouille irrévocablement, et le légataire ou le donataire au moment où il est irrévocablement investi.

Il faut examiner l'application de ce principe dans les testaments et les donations entre-vifs.

§ 1. — Des testaments.

I. A l'égard du testateur, dans les testaments, il y a deux époques à considérer, celle de la faction du testament et celle de la mort du testateur. La capacité est nécessaire à ces deux époques, sans égard à l'incapacité survenue durant le temps intermédiaire.

II. Il y a cependant à examiner deux cas : l'incapacité de droit et l'incapacité de fait. L'incapacité de droit est nécessaire aux deux époques. Quant à l'incapacité de fait, il suffit de l'avoir possédé à la première époque. Ainsi, est valable toute disposition testamentaire faite par une personne saine d'esprit, qu'elle soit ou non, à sa mort, privée de raison.

III. Dans le cas des legs testamentaires, il y a une distinction à établir : 1º au sujet du legs pur et simple; 2º au sujet des legs conditionnels.

Dans le premier cas, la capacité du légataire est exigée au décès du testateur. Dans le second cas, il suffit de posséder la capacité au jour de l'accomplissement de la condition.

§ 2. — *Des donations entre-vifs.*

I. La capacité des deux parties est requise à l'instant où la donation est parfaite par l'acceptation (932, 938).

Pour bien comprendre ce principe, il faut remarquer que les donations constituent de vrais contrats entre, d'une part, le donateur, et de l'autre le donataire qui accepte. Aussi, la donation n'est complète que par l'acceptation valablement exprimée et connue du donateur ; et si, durant l'acceptation du donataire, car elle peut être formée par acte séparé, le donateur devenait incapable, l'acte deviendrait nul.

CODE DE PROCÉDURE.

TITRE XXV.

Procédure devant les tribunaux de commerce.

(moins l'art. 420.)

La procédure devant les tribunaux de commerce se rapporte aux procédures sommaires. Tout en conservant la prudence des affaires civiles, elle exclut les écritures. Sa marche est moins lente que celle des tribunaux ordinaires, et elle a hâte, pour ainsi dire, d'arriver au jugement (*semper ad eventum festinat*).

Dans tous les cas un jugement mûri est plus sûr; aussi la marche est-elle réglée sur l'importance de l'affaire et sur les circonstances qui l'ont accompagnée.

Nous considérerons la procédure sous un double point de vue : 1° dégagée d'incidents; 2° avec les incidents qui peuvent s'y élever.

SECTION I.

DE LA PROCÉDURE COMMERCIALE DÉGAGÉE D'INCIDENTS.

La procédure devant les tribunaux de commerce se fait sans le ministère d'avoué (art. 414). Il suit de là que la constitution d'avoué, les requêtes en défense, les répliques, dupliques, l'avenir, etc., n'ont pas lieu.

L'essai de conciliation, la communication au ministère public n'existent pas non plus.

Les procédures commerciales se réduisent ici à trois actes : l'ajournement, la plaidoirie, le jugement.

§ 1er — *De l'ajournement.*

Toute demande devant les tribunaux de commerce doit être formée par exploit d'ajournement, suivant les formes du titre II, art. 59, C. Pr. (415).

Ces formalités se rapportent : 1° Au domicile à choisir pour l'assignation ; 2° à la rédaction de l'acte d'assignation ; 3° à plusieurs règles particulières auxquelles les huissiers doivent se conformer : Comme la remise dans un jour non férié, sauf dispense (63) ; leur récusation pour parenté ou alliance, la remise à personne, etc.

Le caractère distinctif de l'ajournement en matière de commerce est la brièveté du délai de comparution. Ce délai sera au moins d'un jour (416), plus l'augmentation à raison des distances (art. 72, 73, 74).

Cependant, dans les cas qui requièrent célérité, le président du tribunal pourra permettre d'assigner de jour à jour et d'heure à heure, et de saisir les effets mobiliers (417). Il a donc plus de latitude que le président du tribunal civil (72).

En outre, il pourra, dit le même article, suivant l'exigence des cas, assujettir le demandeur à donner caution ou à justifier de solvabilité suffisante.

Quant au moyen de connaître la solvabilité du demandeur, il suffira d'établir par le dernier inventaire que l'actif dépasse suffisamment le passif.

Les ordonnances du président seront exécutoires, nonobstant opposition ou appel.

L'art. 417 dit que l'urgence doit être approuvée par le président du tribunal, mais la loi reconnaît plusieurs cas d'urgence dans l'article suivant (418). Dans les affaires maritimes où il existe des parties non domiciliées, et dans celles où il s'agit d'agrès, victuailles, équipages, radoubs de vaisseaux prêts à mettre à la voile, etc., l'assignation peut être donnée à bref délai, et le défaut pourra être jugé sur-le-champ (149, 150).

Cet article ne doit s'entendre que des affaires de commerce maritime, dans lesquelles le moindre retard occasionnerait un préjudice sérieux ; le tribunal saisi devra donc reconnaître l'urgence, autrement ordonner le renvoi de l'affaire et un réassigné.

Toutes assignations données à bord à la personne assignée seront valables (419). Est-ce à dire que l'assigné doit, pour la validité de l'acte, recevoir l'ajournement ? Non. Cela doit s'entendre ainsi : que toute personne attachée au bâtiment, soit mousse, soit matelot, a pouvoir de recevoir, comme le ferait un voisin dans les cas ordinaires (art. 68).

L'art. 420 apporte une double exception à l'art. 59. Le demandeur aura le choix d'assigner le défendeur : 1° devant le tribunal dans l'arrondissement duquel la promesse a été faite et la marchandise livrée ; 2° devant celui dans l'arrondissement duquel le paiement devait être effectué. Mais ce n'est point là notre sujet.

§ 2. — *De l'instruction.*

L'ajournement fixe le jour de comparution, et « les parties sont tenues de comparaître en personne ou par le ministère d'un fondé de procuration spéciale (art. 421). »

Cette dernière partie de l'article indique clairement que, ni agréé, ni avocat ne peuvent plaider pour la partie sans son assistance ou son fondé de pouvoir.

L'art. 627 du Code de commerce retire cette autorisation aux huissiers, et attache une sanction à cette contravention. Le fondé de pouvoir peut être sous-seing privé, mais il doit être enregistré.

Nous avons dit plus haut que l'ajournement fixe le jour de comparution, c'est-à-dire celui de l'audience. Le plus souvent le nombre des affaires commerciales empêche que l'affaire spéciale ne soit appelée à la première audience ; aussi est-il dressé un rôle, et sans nouvelle assignation les parties doivent se représenter.

« Si les parties comparaissent et qu'à la première audience il n'intervienne pas jugement définitif, les parties non domiciliées dans le lieu où siége le tribunal seront tenues d'y faire l'élection d'un domicile. — L'élection de domicile doit être mentionnée sur le plumitif de l'aue ; à défaut de cette élection , toute signification, même celle ﹍u jugement définitif, sera valablement faite au greffe du tribunal (art. 422). »

Les premiers termes de cet article ne demandent aucune explication ; quant à la dernière partie, elle doit s'interpréter avec un sens restrictif. La signification du jugement définitif faite au domicile élu ou au greffe suffit, et le jugement est exécutoire sans nouvelle signification au domicile réel ; mais, pour faire courir les délais de l'appel, la première signification ne suffit pas (1038).

Publicité des audiences.

Les deux art. 86 et 87 reçoivent ici leur application. Le premier a rapport à la défense faite aux magistrats de plaider, sauf exception ; le second dit que les plaidoiries seront publiques, excepté dans le cas où la loi ordonne qu'elles seront secrètes.

De l'arbitrage.

L'instruction par écrit n'a jamais lieu, en matière de commerce. Si les affaires sont compliquées, les juges renvoient devant des arbitres.

« S'il y a lieu à renvoyer les parties devant des arbitres, pour examen de comptes, pièces ou registres, il sera nommé, dit l'art. 429, un ou trois arbitres pour entendre les parties et les concilier, si faire se peut, sinon donner leur avis. » Ces arbitres sont de vrais experts, car ils ne rendent pas de sentences ; leurs avis sont faits pour éclairer la religion des juges.

Leur récusation ne pourra être proposée que dans les trois jours de leur nomination (430).

Il faut, pour être arbitre, jouir de ses droits civils. Les avocats, pris pour arbitre, sont dispensés de prêter serment.

Après avoir fait comparaître par assignation les parties devant eux, les arbitres font leur rapport, qu'ils déposent au greffe du tribunal (art. 422-431). Les arbitres sont payés , et en cas de contestation , les juges règlent leurs honoraires.

§ 3. — *Des jugements commerciaux.*

Tous jugements tendent à l'extinction de l'affaire. Ils sont de deux sortes : Jugements contradictoires, jugements par défaut.

I. *Des jugements en général.*

Composition du tribunal par les juges.

Le jugement est rendu à la pluralité des voix. Le tribunal de commerce est encore régulièrement composé, lorsqu'il est formé par des juges en majorité, des suppléants et des négociants pris sur la liste des notables. Le jugement doit mentionner de quelle manière on a procédé.

Les règles relatives aux matières civiles, renfermées dans les art. 116, 117, 118, 138, 139, sont également applicables aux affaires commerciales. Elles ont trait à la manière de recueillir les voix et de les compter, au partage d'opinion et à la manière de le vider, à la prononciation et à la signature du jugement.

Rédaction du jugement.

La rédaction des jugements pour les tribunaux civils est réglée par les art. 141, 146; celle des tribunaux de commerce est la même (art. 433). Le greffier dresse les qualités; ces qualités d'ordinaire lui sont remises par l'agréé. Pour recevoir exécution, il faut que le jugement ainsi établi soit signifié au domicile réel ou bien au domicile d'élection.

En outre de ces dispositions générales, le jugement peut en contenir d'accessoires.

Des délais.

En matière de commerce, des délais sont aussi accordés pour l'exécution du jugement. Le jugement qui statue sur la contestation donne les motifs du délai, art. 122. « Le délai courra du jour du jugement s'il est contradictoire, et de celui de la signification, s'il est par défaut (art. 123).

Ces délais ne peuvent être accordés dans les cas prévus par l'article suivant 124, notamment si le succombant est en faillite, ou bien lorsque par son fait il diminue ses garanties. En matière de lettre de change et de billet à ordre, il n'est jamais donné de délai de grâce.

De la contrainte par corps.

La contrainte par corps est accordée pour une somme supérieure à 200 fr. ; elle doit être demandée, cependant les juges peuvent la refuser. La loi du 19 avril 1832 règle la durée suivant le taux, et indique de plus les personnes qui en sont affranchies. Pour les effets de commerce, la contrainte est de droit.

Des frais.

La condemnation aux dépens, la compensation, la liquidation sont des règles communes aux affaires civiles et commerciales (art. 130, 131, 185). Le jugement doit contenir la liquidation des dépens.

De l'exécution des jugements.

Les règles relatives à l'exécution des jugements sont renfermées dans l'art. 439, ainsi conçu : « Les tribunaux de commerce pourront ordonner l'exécution provisoire de leurs jugements, nonobstant l'appel, et sans caution, lorsqu'il y aura titre non attaqué ou condamnation précédente dont il n'y aura pas d'appel ; dans les autres cas, l'exécution provisoire n'aura lieu qu'à la charge de donner caution, ou de justifier de solvabilité suffisante. »

L'exécution provisoire demandée doit, dans les conditions de notre article, être autorisée, mais il faut que le jugement en fasse mention ; c'est ce qui s'induit facilement des termes du même article : « Les tribunaux de commerce pourront ordonner l'exécution provisoire ; » d'où il suit qu'à défaut de cette mention, l'art. 439 reste sans application (1).

La gravité du cas a donné lieu à l'art. 647 C. Com., qui défend aux cours royales de surseoir en aucun cas, à peine de nullité et même de

____

(1) Contrà. La jurisprudence de la Cour suprême.

dommages et intérêts des parties, s'il y a lieu, à l'exécution provisoire des jugements des tribunaux de commerce. Ce qui ne peut s'entendre encore que du cas où l'exécution demandée par la partie gagnante a été ordonnée par le jugement.

«Les tribunaux pourront accorder l'exécution provisoire sans caution, lorsqu'il y a titre non attaqué, etc. » Il résulte de ces expressions qu'il leur est loisible d'ordonner ou non la garantie suffisante. Chose facile à faire en matière commerciale par la représentation du dernier inventaire.

Des cautions.

L'art. 440 dit que la caution sera présentée par acte signifié au domicile de l'appelant, s'il demeure dans le lieu où siége le tribunal, sinon au domicile par lui élu en exécution de l'art. 422, avec sommation à jour et à heures fixes de se présenter au greffe pour prendre communication, sans déplacement, des titres de la caution, s'il est ordonné qu'elle en fournira, et à l'audience pour voir prononcer sur l'admission en cas de contestation (art. 440).

L'article 441 complète cette matière. « Si l'appelant ne comparaît pas ou ne conteste pas la caution, elle fera sa soumission au greffe ; s'il conteste, il sera statué au jour indiqué par la sommation. Dans tous les cas, le jugement sera exécutoire, nonobstant opposition ou appel. »

2° Des jugements par défaut.

La matière propre aux jugements par défaut des tribunaux de commerce est renfermée dans les art. 434 et suivants, jusqu'à 438 inclusivement, modifiés toutefois par l'art. 643 du Code de commerce. « Si le demandeur ne se présente pas, le tribunal donnera défaut, et renverra le défendeur de la demande. Si le défendeur ne comparaît pas, il sera donné défaut, et les conclusions du demandeur seront adjugées si elles se trouvent justes et bien vérifiées (434). »

Il est bon de remarquer ici qu'il y a deux sortes de défaut : le défaut faute de comparaître et le défaut faute de conclure ; ce qui donne lieu à quelque application particulière dans les délais de l'opposition.

Signification des jugements.

« Aucun jugement par défaut ne pourra être signifié que par un huissier commis à cet effet par le tribunal ; la signification contiendra, à peine de nullité, élection de domicile dans la commune où elle se fait, si le demandeur n'y est domicilié. — Le jugement sera exécutoire un jour après la signification et jusqu'à l'opposition (435). »

De l'opposition.

« L'opposition ne sera plus recevable après huitaine du jour de la signification (436). » Ce dernier article est modifié par le renvoi de l'art. 643 du Code de commerce aux art. 156, 158, 159 du Code de procédure civile. L'art. 158 permet l'opposition jusqu'à l'exécution du jugement. L'opposition de la partie condamnée pour les jugements faute de conclure n'est que de huitaine à dater de la signification faite à son domicile ou à sa personne, en suivant les règles de l'art. 422.

L'opposition se fait par exploit. Il doit contenir les moyens de l'opposant et de plus assignation dans le délai de la loi. Elle sera signifiée au domicile élu (437). Le domicile réel ne serait point le domicile régulier ; l'exploit serait cependant valable si la partie assignée renonçait à son droit.

L'opposition est valable jusqu'à l'exécution ; ce qui doit s'entendre, par exemple, jusqu'au moment de la saisie. Cependant la loi dit que l'opposition faite à l'instant de l'exécution par déclaration sur le procès-verbal de l'huissier arrêtera l'exécution, à la charge par l'opposant de la réitérer dans les trois jours par exploit contenant assignation, passé lequel délai elle sera censée non avenue. Ce délai pourrait être augmenté à raison des distances.

Dans tous les cas, le délai de huitaine ne saurait être diminué ; d'où il suit que le débiteur qui serait emprisonné avant l'expiration du susdit délai, pourrait encore former opposition.

SECTION II.

DE LA PROCÉDURE COMMERCIALE, AVEC LES INCIDENTS QUI PEUVENT S'Y ÉLEVER.

Des exceptions des étrangers.

Les étrangers demandeurs en matière de commerce ne peuvent être obligés à donner la caution *judicatum solvi* (423), même lorsque la demande est portée devant un tribunal civil, à défaut de tribunal de commerce.

Des renvois.

« Si le tribunal est incompétent à raison de la matière, il renverra les parties, encore que le déclinatoire n'ait été proposé. Le déclinatoire pour toute autre cause ne pourra être proposé que préalablement à toute autre défense. » Ce qui veut dire que toute autre exception de litispendance, par exemple, n'arrêterait pas le cours de l'instruction. L'art. 424 est basé sur l'urgence des affaires commerciales.

Par une nouvelle dérogation aux affaires ordinaires, l'art. 425 autorise les juges à statuer dans le même jugement par une double disposition, sur la compétence et sur le fond.

« Les veuves et héritiers justiciables des tribunaux de commerce y seront assignés en reprise, ou par action nouvelle, sauf, si les qualités sont contestées, à les renvoyer aux tribunaux ordinaires pour y être réglés, et ensuite être jugés sur le fond au tribunal de commerce (426). »

Des nullités.

Pour l'exception de nullité, on applique les règles du tribunal civil. Les exceptions dilatoires reçoivent seulement quelques modifications. La communication des pièces ne permet pas de délai ; elles sont remises à l'audience. Leur nombre pourrait seulement autoriser les juges à proroger.

§ 1er — *De quelques incidents.*

De la récusation.

La récusation soumise aux règles du titre XXI est applicable aux tribunaux de commerce.

Il en est de même des règlements de juges et renvois pour compétence.

Des enquêtes.

La preuve par témoins ou enquête est admise en matière de commerce : « Si le tribunal ordonne la preuve par témoins, il doit y être procédé dans les formes prescrites pour les enquêtes sommaires. Néanmoins, dans les causes sujettes à appel, les dépositions seront rédigées par écrit par le greffier et signées par le témoin ; en cas de refus, mention en sera faite (432). »

Des expertises.

Les expertises ne diffèrent des expertises ordinaires que par deux points : 1° En ce que les juges sont libres de ne nommer qu'un expert, (303, 429) ;

2° En ce qu'ils doivent faire la nomination d'office, si les parties ne s'entendent pas immédiatement.

Des descentes sur les lieux.

Les descentes sur les lieux ne sont guère usitées en matière de commerce.

Du faux incident civil.

Relativement aux preuves par titres, il peut arriver qu'une pièce produite est déniée, arguée de faux. Si la partie persiste à s'en servir, le tribunal renverra devant le juge compétent, et il sera sursis au jugement de la demande principale. La seconde partie de l'art. 427 ajoute que, néanmoins, si la pièce n'est relative qu'à un des chefs de la demande, il pourra être passé outre au jugement des autres chefs.

Des témoins.

L'audition des parties est également pratiquée devant les tribunaux de commerce ; l'audition catégorique l'est moins. « Le tribunal pourra ordonner d'office que les parties seront entendues en personne, à l'audience ou dans la chambre, et s'il y a empêchement, commettre un des juges; » ce qui indique clairement l'emploi des commissions rogatoires (art. 428).

§ II. — *Des incidents proprement dits.*

Des demandes incidentes.

Les demandes incidentes qui constituent les incidents proprement dits sont réglées par le titre XVI.

On peut, devant les tribunaux de commerce, former des demandes incidentes et reconventionnelles. Cette demande peut être faite à l'audience, ou bien par exploit signifié au domicile réel ou d'élection.

De l'intervention.

Les demandes en intervention ne peuvent avoir lieu que par exploit au domicile réel. L'intervention n'arrête pas le jugement de la cause principale, lorsque celle-ci est en état (art. 340).

§ III. — *De la reprise et de l'extinction de l'instance.*

De la reprise.

La mort d'une partie arrête l'instance. Mais sa veuve ou ses héritiers (art. 426) seront justiciables des mêmes tribunaux de commerce. En conséquence, la partie adverse devra les assigner en reprise devant ces mêmes tribunaux, si leurs qualités sont bien établies.

De l'extinction.

Quant à l'extinction de l'instance, les modes de l'extinction civile sont aussi ceux des tribunaux de commerce; ce sont : le jugement définitif, l'acquiescement du défenseur, le compromis, la transaction, le désistement.

De la péremption.

Le tribunal de commerce doit juger sans retard. Les affaires commerciales seraient entravées. Les parties sont donc intéressées à l'extinction du procès; mais, pour mieux activer leur diligence, on a établi la péremption. Les considérations qui ont fait établir la péremption en matière civile, sont aussi celles qui l'ont fait généralement reconnaître en matière commerciale. Elle doit être demandée par exploit. Elle est, du reste, soumise aux règles ordinaires.

DROIT CRIMINEL.

De la récidive en général.

1° *De la récidive, sa définition.*

I. Un individu commet un fait punissable; que ce fait se rapporte à un crime, à un délit, à une contravention, il n'en sera pas moins régi suivant la gravité des circonstances, et l'on appliquera les principes de *pénalité ordinaire.*

II. Mais l'agent peut accomplir un second fait punissable après la perpétration du premier. Il se présente alors deux hypothèses : ou bien il n'a point subi de peine, ou bien il a été frappé d'une première condamnation par suite du premier fait. Dans le premier cas, il y a *rechute*; dans le second, *récidive.*

III. Qui dit récidive dit rechute, car la récidive est la rechute dans des faits réprimés par la loi pénale ; mais la rechute n'est point la récidive. Cette dernière amène avec elle l'idée d'un jugement antérieur.

Ce n'est pas tout, il faut en outre que le jugement soit devenu exécutoire, qu'il ne soit plus soumis à l'opposition, en un mot qu'il soit inattaquable.

IV. Cette condition est basée sur ce principe de Farinacius, que l'habitude du crime ne peut faire aggraver la peine : « *nisi de primis delictis fuerit condemnatus et punitus,* » et la raison qu'il donne à l'appui est évidente « *aliàs sine tali punitione, reiterando delictum non possit dici incorrigibilis* (1). »

V. Ici se présentent plusieurs cas pour lesquels il n'existe guère de doute. Le prévenu, par son silence, a maintenu la décision provisoire, le contumace a fui, le défaillant ne s'est pas présenté, leur conduite indique implicitement l'aveu de leur faute.

Peut-il aussi y avoir quelque doute sur la grâce ou la réhabilitation ? nullement, car ils n'arrêtent que l'exercice de la pénalité et ne touchent en rien le fond.

VI. Il en serait autrement de l'amnistie. Voici, à ce sujet, ce que dit la Cour de Cassation : « Elle porte avec elle l'abolition des délits, des poursuites et des condamnations, tellement que ces délits, couverts du voile de la loi, sont au regard des Cours et tribunaux, sauf les actions civiles des tiers, comme s'ils n'avaient pas été commis (2). »

VII. Nous savons que l'irrévocabilité du jugement est nécessaire, reste à s'en servir, autrement dit à l'établir. Le mode le plus simple de justifier de la condamnation est d'en produire un extrait.

Les art. 600, 601, 602 du Code d'Instruction criminelle fournissent des moyens de preuve, en indiquant de quelle manière se fait le dépôt général de la notice des jugements.

A défaut d'un extrait de ces registres, comment s'établit la preuve ? On acceptera les documents qui peuvent l'établir, mais elle ne saurait résulter de l'aveu du prévenu.

VIII. Naturellement se place ici la question de savoir si un jugement étranger irrévocable serait un titre ? Sans doute, si le jugement rendu à l'étranger était devenu exécutoire en France par une nouvelle décision rendue irrévocable, car nous rentrons alors dans le mode ordinaire (3).

IX. Nous connaissons maintenant dans quels cas il y a récidive ; il est donc facile de la formuler en un principe et de la définir.

(1) Farinacius, *quæst.* 18, n° 9.

(2) Arrêté, Cass. 11 juin 1825.

(3) Isambert, anciennes lois françaises, t. 21, p. 262.

La récidive, c'est la perpétration d'un nouveau délit de la part de celui qui a déjà subi une condamnation devenue irrévocable (1).

2° *De la récidive au point de vue de sa nature.*

I. Disons-le d'abord, la récidive est de sa nature une circonstance aggravante.

II. Tout châtiment apporté à l'inobservation d'une loi l'établit, lui donne la vie. La sanction qui indique la mesure de ce châtiment est donc un élément constitutif de toute loi.

III. Toutes les fois qu'un individu commet un acte punissable, la loi le punit. L'*appréhension* de la peine n'a pu le retenir ; l'application de cette même peine le corrigera peut-être. C'est du moins dans le but d'arrêter cette tendance au mal que le juge l'inflige.

IV. Mais il n'en est rien, et un second fait punissable est commis. On voit clairement, dans la *réitération* du crime, le symptôme d'une perversité plus active. Le péril de la société est plus manifeste. Ce n'est pas la nature du fait qui importe, c'est la criminalité du coupable qui inquiète. Il fallait donc prendre des mesures pour réprimer cette mauvaise tendance.

V. En effet, il suffit de la production d'un second crime pour déceler une *habitude,* « *quod enim bis fit frequenter fieri dicitur* » (2).

Il est généralement reconnu que le second crime prend alors un caractère de plus grande gravité, et le législateur devait aggraver la pénalité. Nous verrons, dans une autre section, quel système il aura choisi.

VI. On a beaucoup parlé sur la *légitimité du principe* de l'aggravation des peines. Faut-il, pour le justifier, s'appuyer sur son application universelle ? La raison et la morale seront, dans ce moment, de meilleurs guides.

Qu'il me soit permis de reproduire ici l'opinion contestable de M. Carnot : « Peut-on dire qu'il soit dans les principes d'une exacte jus-

(1) V. Molinier, de la récidive, p. 166.
(2) Farinacius, quœst. 18, n° 19.

tice, s'écrie ce magistrat, d'appliquer aux condamnés en récidive une peine plus sévère que celle qu'ils ont encourue par le genre de crime dont ils se sont rendus coupables? S'ils ont commis un premier crime, ils en ont été punis; leur infliger une nouvelle peine à raison de ce crime, n'est-ce pas ouvertement violer, à leur égard, le *non bis in idem*, qui fait l'une des bases de toute législation? D'autre part, la peine ne peut être aggravée qu'à raison des circonstances qui s'y rattachent, qui lui sont *concomitantes*, et qui en font un tout indivisible (1). »

Le principe est vrai, mais l'application en est fautive; l'aggravation de la peine ne porte point sur le *premier crime*, comme le dit ce magistrat, mais seulement sur la *moralité de l'individu*. La société elle-même, du reste, est intéressée; le sentiment de notre propre conservation, et puis la raison, n'admettent point d'égards pour un coupable, alors que l'intérêt général a été deux fois blessé. Pourquoi le législateur n'aurait-il pas le droit de prendre cette circonstance en considération pour mesurer la peine?

Ne pourrait-on pas considérer les circonstances aggravantes comme la contre-partie des circonstances atténuantes? Et que si la moralité de l'individu donne lieu à l'abaissement de sa peine, dans le cas contraire elle donne lieu à l'application d'une pénalité plus forte.

VII. Ce qui est certain, c'est que la loi a basé ce principe sur ces vues, et l'on peut encore le justifier dans son application. La première peine n'a point arrêté le coupable, mais nul n'ignore la loi: aussi croyons-nous que la vue d'une peine supérieure apportera en lui une bienfaisante influence et empêchera sa rechute.

VIII. Remarquons que les circonstances aggravantes consistent dans des faits qui ne sont point *constitutifs du délit*, mais qui se rattachent au délit, ou bien dans des circonstances qui *augmentent la culpabilité*. C'est à cette dernière classe de faits que se rapporte la récidive.

IX. Il s'agit maintenant de *constater* la récidive. Un seul doute se présente: celui de savoir si le jury en matière criminelle constatera la récidive. Le jury connaît bien des circonstances atténuantes, des circonstances aggravantes; mais il ne connaît de ces dernières que lors-

(1) Commentaires du C. Pén., tome 1er, p. 162.

qu'elles ont trait au fait de l'accusation. Voici un arrêté de la Cour de Cassation qui reconnaît le pouvoir des juges : « Attendu que la récidive n'est jamais une circonstance aggravante du fait de l'accusation, puisqu'il en est absolument indépendant; qu'il ne constitue pas non plus par lui-même un délit, puisqu'il n'est qu'un fait moral dont la loi déduit la preuve de perversité, à raison de laquelle elle aggrave la peine du fait de la nouvelle accusation, il peut et doit donc être jugé et déclaré par la Cour d'Assises (1). »

3° De la récidive, ses espèces.

I. Nous savons quand il y a récidive, nous savons aussi que la récidive est une circonstance aggravante; il faut maintenant connaître de ses espèces.

On distingue dans notre droit deux espèces de récidive : la récidive absolue et la récidive spéciale.

II. Lorsqu'un individu déjà condamné pour un délit commet un autre délit quelconque, serait-il de nature différente, il y a récidive absolue.

Mais si le second délit était de même nature que le premier, la récidive serait dite spéciale. Tels sont deux délits de chasse.

III. Dans certains cas, la récidive prend le nom de récidive légale ; elle est alors réglée par l'art. 56 du C. pénal. Il faut que le nouveau délinquant ait été condamné à une peine afflictive ou infamante. Cette peine est l'élément indispensable de la récidive; toutes les fois donc qu'à raison de l'âge ou d'autres circonstances atténuantes, l'accusé d'un crime n'a encouru qu'une peine correctionnelle, le second crime qu'il commet ensuite n'entraîne plus l'aggravation pénale.

IV. La loi punit les deux espèces de récidive. Elle ne limite la récidive absolue à aucun espace de temps, la survenance de la nouvelle infraction en matière de crimes et de délits.

En matière de contravention de police, il y a récidive lorsqu'il a été rendu contre le contrevenant, dans les douze mois précédents, un premier jugement et dans le ressort du même tribunal (483, C. pén.).

____

(1) Jurispr. gén., t. 2, p. 518.

V. La loi n'attache aucune aggravation aux récidives consécutives ; les art. 199 et 200 n'apportent qu'une exception à ce principe.

4° Du système d'aggravation des peines et du besoin d'une échelle pénale.

I. Toute récidive doit aggraver la seconde peine ; mais autant qu'il est possible, on doit faire des efforts pour établir une gradation *proportionnelle* et *équitable*.

II. La récidive doit bien entraîner un *degré plus élevé* de la même peine, mais elle ne peut motiver une *peine différente*. Il est clair que le fait à punir ne change pas de nature (1). Le juge doit donc se renfermer dans le *maximum* et le *minimum* de la même peine, il peut même la porter au double.

III. La loi reconnaît ce système, mais elle adopte aussi la substitution des peines dans des cas déterminés, et c'est pour l'emploi de ces peines que le besoin d'une *échelle pénale* se faisait sentir; aussi le législateur l'a déterminée, art. 56, C. pén.

IV. Les peines sont afflictives et infamantes ou infamantes seulement. On peut former ainsi l'échelle générale de pénalité : 1° la mort ; 2° les travaux forcés à perpétuité; 3° la déportation dans une enceinte fortifiée ; 4° la déportation simple ; 5° les travaux forcés à temps ; 6° la détention ; 7° la réclusion ; 8° le bannissement; 9° la dégradation civique.

V. On distingue aussi deux échelles, l'une pour les crimes dirigés contre les particuliers, l'autre pour les crimes politiques.

Nous n'entrerons pas dans des détails sur leurs applications (art. 56, C. pén.); mais il est un cas important de substitution de peine qui a vivement préoccupé le législateur. La *peine de mort* est substituée aux travaux forcés à perpétuité. La distance d'une peine à l'autre est immense, il n'y a aucune proportion à établir et l'on ne peut voir dans la peine de mort un degré supérieur de pénalité. Aussi, a-t-on beaucoup contesté la légitimité de son application.

(1) Chauveau et Hélie, Théorie du C. pén., ch. 9, de la Récidive.

5° A quels actes punissables s'applique la récidive , s'applique-t-elle à la nature de la peine, à la juridiction ?

I. La récidive ne tient compte que de la *nature de la peine* qui a été prononcée, et non de la *nature du fait incriminé.* Tel serait le cas d'un viol commis après un vol qualifié.

II. Elle n'examine point aussi la *juridiction.* Si l'individu condamné par un tribunal militaire ou maritime a été condamné, d'après les lois pénales ordinaires, en cas de crime ou de délit postérieur, il sera passible de l'aggravation.

III. La récidive s'applique aux crimes, délits, contraventions. On peut la considérer :

1° En matière de crimes réprimés par des peines afflictives et infamantes.

Le juge trouve assez de latitude entre le minimum et le maximum , si le premier fait puni l'a été par une *peine correctionnelle.* Si la première condamnation irrévocable a été *afflictive et infamante,* la peine à infliger sera celle du degré supérieur, ou bien on prendra pour minimum le maximum ordinaire, et pour maximum spécial le double du maximum ordinaire.

2° — De la récidive en matière de délits.

Deux cas se présentent : si le prévenu a été condamné à une peine *afflictive* ou *infamante.* Il y a alors récidive mixte de crime à délit. La peine est portée au maximum avec faculté de l'élever jusqu'au double. Il y a encore récidive mixte de crime à délit, si *un crime puni correctionnellement* est suivi de délit (mineur de 16 ans). L'on applique le maximum de la peine qui pourra être élevée jusqu'au double. — La récidive *de délit à délit* amène , si le premier jugement infligé a été d'un emprisonnement de plus d'une année, l'élévation de la peine au maximum , avec faculté de l'élever jusqu'au double.

3° — De la récidive en matière de crimes punissables correctionnellement.

Si l'accusé a subi une peine *afflictive* ou *infamante*, la peine sera portée au maximum et pourra être élevée jusqu'au double ; — même application s'il avait d'abord été condamné à une *peine correctionnelle* pour fait qualifié *crime*. — Si la première condamnation a eu lieu pour un *délit*, et si l'emprisonnement est de *plus d'une année*, on applique pour le nouveau crime puni correctionnellement le maximum avec la faculté de la porter au double.

4° — Enfin, en matière de contraventions.

S'il y a eu *deux contraventions de police* dans l'année, dans le ressort du même tribunal, et que la nouvelle contravention soit punie par le livre IV du Code pénal, il y a récidive en matière de contraventions.

Cette thèse sera soutenue en séance publique, dans l'une des salles de la Faculté, le 2 janvier 1854.

Vu par le Président de la thèse,

CHAUVEAU-ADOLPHE.

Toulouse. — Imprimerie de Bonnal et Gibrac, rue Saint-Rome, 46.

9 782013 473286